LAS COSTAS DE LA TIERRA

Bobbie Kalman

Crabtree Publishing Company

www.crabtreebooks.com

Creado por Bobbie Kalman

Para Michael Vaughan:
¡Felices 60 años! Compartimos algunos de nuestros mejores momentos en las hermosas costas de Nassau.

Autora y editora en jefe
Bobbie Kalman

Editora
Kathy Middleton

Correctora
Crystal Sikkens

Diseño
Bobbie Kalman
Katherine Kantor
Samantha Crabtree (portada)

Coordinadora de producción
Katherine Kantor

Técnica de preimpresión
Margaret Amy Salter

Consultor
Joel Mercer, ex director del Departamento de Geografía, Galt Collegiate Institute

Consultor lingüístico
Dr. Carlos García, M.D., Maestro bilingüe de Ciencias, Estudios Sociales y Matemáticas

Ilustraciones
Barbara Bedell: página de título (medusa, estrella de mar, concha del medio y ave de la derecha),
    páginas 22 (peces blancos, peces verdes y peces de color azul y verde), 23 (estrellas de mar
    y concha de arriba a la izquierda y abajo a la izquierda), 29 (pez blanco y anguila)
Katherine Kantor: página de título (ave de la izquierda, concha de la izquierda y cangrejo),
    páginas 5, 11 22 (peces de color azul y negro y pez amarillo y azul), 29 (pez azul y negro
    y raya), 30-31
Vanessa Parson-Robbs: página 23 (erizo de mar)
Bonna Rouse: página de título (concha de la derecha), páginas 23 (estrella de mar superior
    derecha), 29 (estrella de mar)
Margaret Amy Salter: páginas 22 (peces amarillos), 23 (cangrejo), 29 (peces amarillos)

Fotografías
Todas las imágenes son de Shutterstock.com excepto:
© Dreamstime.com: páginas 25 (inferior), 27 (inferior)

Traducción
Servicios de traducción al español y de composición de textos suministrados
    por translations.com

Library and Archives Canada Cataloguing in Publication

Kalman, Bobbie, 1947-
        Las costas de la tierra / Bobbie Kalman.

(Observar la tierra)
Includes index.
Translation of: Earth's coasts.
ISBN 978-0-7787-8237-7 (bound).--ISBN 978-0-7787-8254-4 (pbk.)

        1. Coasts--Juvenile literature. I. Title. II. Series: Observar la tierra

GB453.K3418 2010   j551.4'57   C2009-902435-7

Library of Congress Cataloging-in-Publication Data

Kalman, Bobbie.
    [Earth's coasts. Spanish]
    Las costas de la tierra / Bobbie Kalman.
        p. cm. -- (Observar la tierra)
    Includes index.
    ISBN 978-0-7787-8254-4 (pbk. : alk. paper) -- ISBN 978-0-7787-8237-7
(reinforced library binding : alk. paper)
    1. Coasts--Juvenile literature. I. Title. II. Series.

    GB453.K3418 2010
    551.45'7--dc22

                                                                2009016808

Crabtree Publishing Company
www.crabtreebooks.com   1-800-387-7650

Publicado en Canadá
Crabtree Publishing
616 Welland Ave.
St. Catharines, Ontario
L2M 5V6

Publicado en los Estados Unidos
Crabtree Publishing
PMB16A
350 Fifth Ave., Suite 3308
New York, NY 10118

Publicado en el Reino Unido
Crabtree Publishing
White Cross Mills
High Town, Lancaster
LA1 4XS

Publicado en Australia
Crabtree Publishing
386 Mt. Alexander Rd.
Ascot Vale (Melbourne)
VIC 3032

Contenido

El planeta azul

A la Tierra se le llama el "planeta azul" porque está formada principalmente por **océanos** y los océanos son azules. Los océanos son enormes áreas de agua. En el planeta también hay grandes áreas de tierra. Se llaman **continentes**. Los océanos y los continentes se tocan en las **costas**. Las costas son los bordes de tierra junto a los océanos.

¿Qué son las líneas costeras?

El mapa de abajo muestra los océanos y continentes de la Tierra. Hay cinco océanos y siete continentes. Las líneas entre los continentes y los océanos son las **líneas costeras**.
Son el contorno de las costas.

Esta línea costera está en Australia.

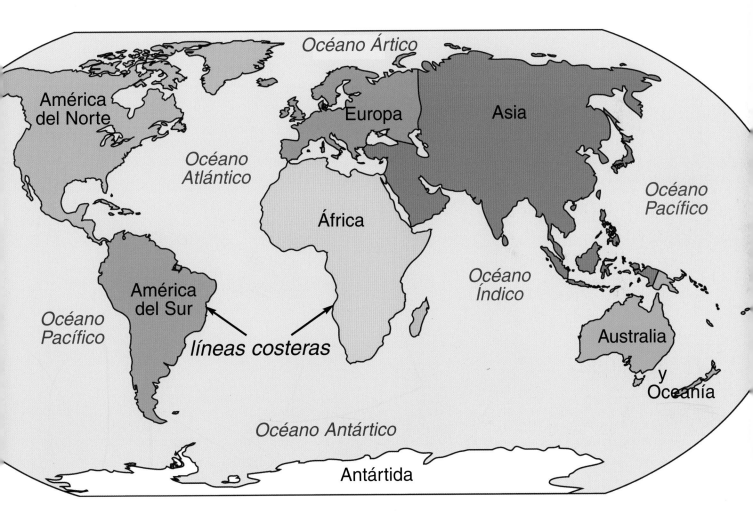

Los continentes son: Asia, África, América del Norte, América del Sur, Antártida, Europa, y Australia y Oceanía. ¿Cómo se llaman los océanos de la Tierra? Encuéntralos en este mapa. ¿Qué océano está en la parte superior de la Tierra? ¿Qué océano está en la parte inferior? ¿Cuál es el océano más grande? ¿Adivinaste que es el océano Pacífico?

¿Qué son las costas?

Una costa es un **accidente geográfico**. Un accidente geográfico es la forma que tiene la tierra. Las costas pueden tener formas muy distintas. En algunos lugares, la tierra de la costa es plana. En otros lugares, la tierra es alta y empinada. Algunas costas tienen grandes **formaciones rocosas**. Las formaciones rocosas son rocas con formas inusuales. Las imágenes de estas páginas muestran distintas clases de costas que hay en la Tierra.

acantilado

*Algunas costas tienen rocas altas llamadas **acantilados**.*

*Algunas costas tienen **playas** planas y arenosas.*

Esta formación rocosa es parte de una costa. ¿A qué animal se parece?

Algunas costas tienen mucho hielo y nieve. Esta costa está en la Antártida.

Formas de las costas

La tierra que conforma las costas puede tener distintas formas. Las imágenes de estas páginas muestran algunos accidentes geográficos de las costas: **isla, masa continental, península, istmo, promontorio, cabo, flecha litoral** y **banco de arena**.

Una isla es una porción de tierra rodeada totalmente por agua. Las islas pueden ser pequeñas o grandes.

isla

Una península es una parte de tierra casi totalmente rodeada por agua, pero conectada a una masa continental. Una masa continental es una zona grande de tierra.

península

istmo

Un istmo es una franja de tierra que une dos áreas de tierra. Puede tiene agua a ambos lados.

masa continental

Un promontorio es una zona de tierra que avanza dentro del océano. A veces se le llama "cabo".

cabo

promontorio

Una flecha litoral es una franja angosta de arena que empieza en una costa y se adentra en un océano.

costa

flecha litoral

banco de arena

Estas personas están en una flecha litoral.

Un banco de arena es una zona de arena cerca de una costa con agua poco profunda alrededor.

El océano en las costas

Las costas tienen distintas formas. El agua que las baña también adopta esas formas. En algunas costas, el agua sigue la curva de la tierra. En otras costas, el océano fluye tierra adentro, como un río. Cuando el océano no tiene tierra cerca se llama **alta mar**.

Esta agua del océano se llama fiordo. Un **fiordo** es un tipo de **ensenada**. Una ensenada es una masa angosta de agua que fluye desde una masa de agua más grande. Los fiordos están entre costas que tienen montañas altas.

Una **laguna** es una masa de agua salada poco profunda, separada del océano por tierra o por un **arrecife de coral** (ver página 22).

Un **golfo** es una zona grande y profunda del océano casi totalmente rodada por tierra. Este es el Golfo de México. Un **estrecho** es una ensenada angosta que fluye entre dos océanos.

Una **bahía** es una entrada curva del océano en la costa.

Una **cala** es una bahía pequeña.

Un **puerto** es una parte de una bahía que está al abrigo del viento y de las olas grandes. Tiene agua profunda para que los barcos y buques puedan entrar en él.

Las costas cambian

Algunas costas tienen acantilados con rocas altas y empinadas. Las olas del océano chocan contra los acantilados una y otra vez. Con el tiempo, algunas rocas de los acantilados se **erosionan** o desgastan. La roca se agrieta. El agua penetra en las grietas y se forman agujeros. Mientras más partes del acantilado se caen, más grandes se hacen los agujeros y se convierten en **cuevas**.

Cuevas en acantilados

Las cuevas que forman las olas del océano se llaman **cuevas marinas**. Pueden tener una o más aberturas. Algunas se llenan de agua del océano. La cueva marina de abajo tiene mucha agua. En esta cueva el agua es suficientemente profunda para los barcos.

abertura de una cueva

Rompimientos

En los acantilados angostos, las aberturas de las cuevas atraviesan la roca del acantilado. Los agujeros de la cueva se vuelven **arcos**. Un arco es una abertura curva. Las olas grandes han formado un arco en este enorme acantilado.

Farallones altos

Después de muchas tormentas, los arcos se vuelven más delgados y débiles. Las rocas de la parte superior se vuelven muy finas y se caen. Las rocas altas y empinadas que se separan de los acantilados se llaman **farallones**.

arco   acantilado

olas enormes

Este farallón fue una vez parte del acantilado que está al lado. La parte superior del arco se cayó. El farallón ya no está unido al acantilado.

farallón

acantilado

Piedras y arena

Después de muchos años, el agua del océano rompe algunos acantilados en piedras pequeñas. Después, las piedras se rompen aún más y se convierten en arena. En algunas playas hay piedras y arena. Otras playas tienen sobre todo arena. Este niño está enterrado en la arena de una playa.

Algunas piedras de esta playa se han convertido en arena. Pasarán muchos años para que las otras piedras se conviertan en arena.

*Muchas playas **tropicales** tienen fina arena blanca y agua poco profunda. Las playas tropicales están en lugares donde hace calor todo el año. Están cerca del **ecuador**.*

*Una **duna** es una cresta de arena. Las olas traen arena del océano, y el viento mueve la arena y forma pequeñas colinas detrás de la playa. ¿Cómo notas que hay mucho viento en esta playa?*

duna

Volcanes que forman costas

lava

La lava caliente fluye al océano. Cuando la lava llega al agua, se forma humo y vapor.

Un **volcán** es una abertura en la superficie de la Tierra. Cuando un volcán **entra en erupción** o explota, expulsa humo, cenizas y **lava**. La lava es roca líquida al rojo vivo. Después de salir del volcán, la lava se seca y se endurece. Cuando la lava fluye hasta un océano, se enfría rápidamente en el agua. La lava fría forma una roca volcánica negra y dura llamada **basalto**. Muchas costas están compuestas por basalto.

Después de muchos años, el agua rompe la roca volcánica y se forma arena negra. Esta playa de arena negra está en Islandia.

Islas de lava

También hay volcanes debajo de los océanos. La lava que sale de estos volcanes forma montañas debajo del agua. Las cimas de las montañas se convierten en islas. Las islas de Hawái son las cimas de volcanes enormes. La isla de la derecha es parte de un volcán.

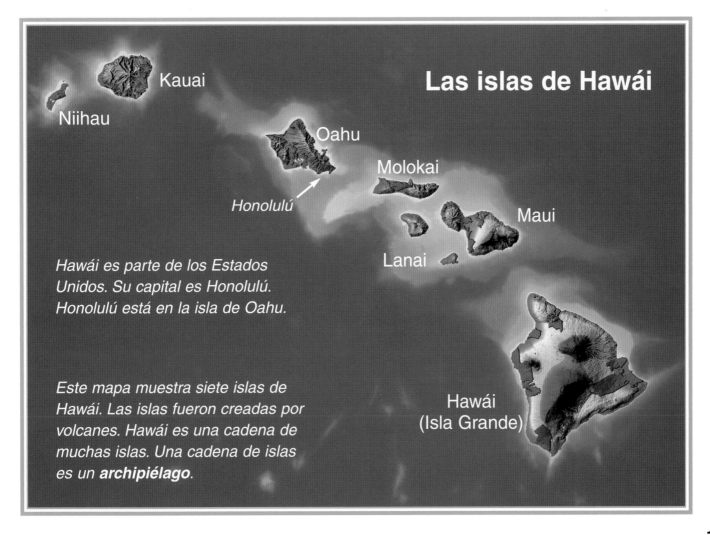

Kauai

Niihau

Las islas de Hawái

Oahu

Molokai

Honolulú

Maui

Lanai

Hawái es parte de los Estados Unidos. Su capital es Honolulú. Honolulú está en la isla de Oahu.

Este mapa muestra siete islas de Hawái. Las islas fueron creadas por volcanes. Hawái es una cadena de muchas islas. Una cadena de islas es un archipiélago.

Hawái
(Isla Grande)

Costas heladas

Algunas costas están cubiertas por hielo y nieve gran parte del año. Estas costas están cerca del Polo Norte y del Polo Sur. El océano que está en el Polo Norte es el océano Ártico. El océano que está en el Polo Sur es el océano Antártico.

Polo Norte

Océano Ártico

Polo Sur

Océano Antártico

*Los osos polares viven en el Polo Norte. Este oso está en una placa de **hielo flotante**. Una placa de hielo flotante es un trozo de hielo marino.*

Ríos congelados llamados glaciares

Hay **glaciares** en casi todos los continentes, pero muchos glaciares de la Tierra están cerca de los polos. Los glaciares son ríos de hielo que se mueven lentamente. Se forman en zonas que tienen nieve en invierno y clima fresco en verano. La nieve se hace hielo y empieza a fluir hacia abajo y hacia afuera. Los glaciares cortan las rocas y cambian la forma de las costas. Este glaciar está en una costa de Alaska.

glaciar

Hábitats en las costas

Los **hábitats** son lugares de la naturaleza en donde viven plantas y animales. La mayoría de las plantas y los animales marinos viven en partes soleadas del océano, donde el agua es cálida y poco profunda. Estas áreas están cerca de las costas. Los arrecifes de coral son hábitats marinos que están cerca de las costas. Están formados por corales coloridos. Los corales son animales. En los arrecifes de coral también viven muchas clases de peces y otras criaturas marinas.

tortuga marina

En los arrecifes de coral viven tortugas marinas, corales, muchas clases de peces y otros animales.

corales

En la costa marina

Las **costas marinas** son los bordes de costas rocosas o arenosas. Son el hábitat de muchas clases de animales. Los cangrejos caminan por las rocas o playas. Las aves bajan para buscar animales marinos pequeños que les sirvan de alimento en las **charcas de marea**. Las charcas de marea son pequeñas charcas de agua que se forman entre las rocas.

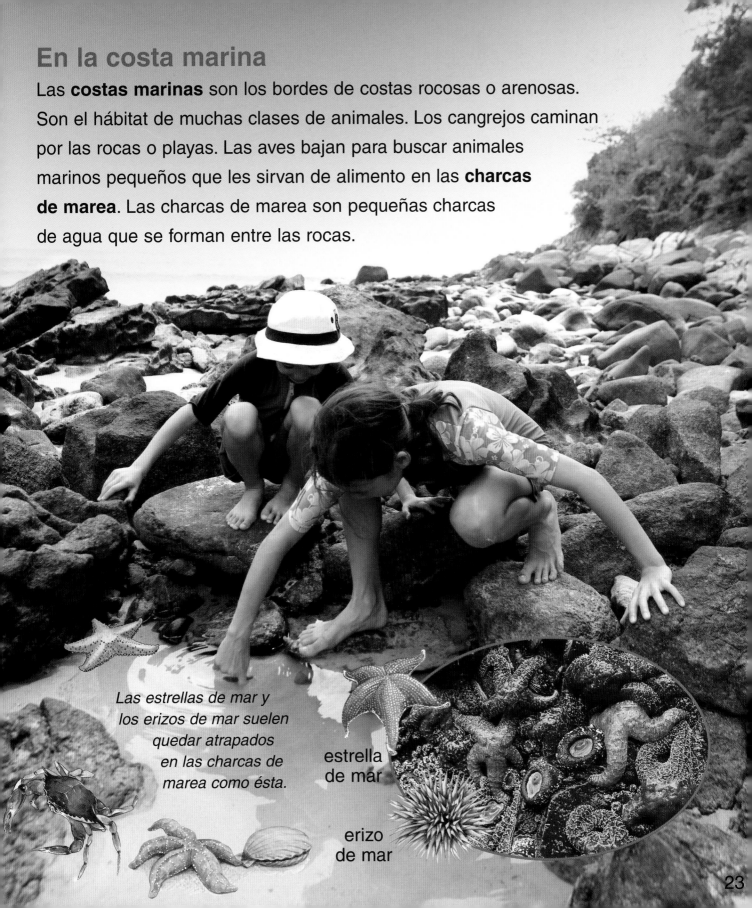

Las estrellas de mar y los erizos de mar suelen quedar atrapados en las charcas de marea como ésta.

estrella de mar

erizo de mar

Ríos que llegan a la costa

El agua del océano contiene mucha sal. El agua de los ríos es **agua dulce**. El agua dulce no contiene mucha sal. Los ríos fluyen hacia masas de agua más grandes, como lagos u océanos. Un **estuario** es una masa de agua en la costa del océano adonde fluyen uno o más ríos. En un estuario, el agua dulce se mezcla con el agua salada. El agua que tiene tanto agua dulce como agua salada se llama agua **salobre**.

océano

estuario

río

río

Hábitats de estuario

Este estuario está al final del río Barú de Costa Rica. El río cruza un **bosque tropical** y luego se mezcla con agua salada en el océano Pacífico. Muchos tipos de animales del bosque tropical dependen de este estuario. Más de 200 clases de aves, como las anhingas, lo visitan para buscar agua y alimento. Aquí también viven iguanas verdes. ¡Están en todos lados!

anhinga

iguana

En las costas viven personas

Las costas también son hábitats para las personas. Hay muchos pueblos y ciudades. Aquí se muestran cuatro ciudades costeras: Vancouver, Durban, Avalon y Sídney. Dos ciudades están en América del Norte, una en Australia y una en África. Lee las pistas que hay en las imágenes y encuentra las ciudades en un mapa o globo terráqueo.

1. Esta ciudad está en Sudáfrica. Está en una costa del océano Índico.

2. Esta ciudad es famosa por su ópera. Está en Australia, en la costa de un puerto natural enorme que tiene el mismo nombre. El puerto es parte de un estuario cerca del océano Pacífico.

3. Esta ciudad está en la costa oeste de Canadá, en el estrecho de Georgia. Del otro lado del estrecho hay una isla grande que se llama igual que esta ciudad. ¿Cuál es el nombre de esta ciudad y de la isla?

4. Esta pequeña ciudad estadounidense está en la costa de una isla llamada Catalina. Catalina está en el océano Pacífico, cerca de la costa de California.

Respuestas:
1. Durban 2. Sidney 3. Vancouver e isla de Vancouver 4. Avalon

Sol, mar y arena

Muchas personas viajan a la costa para sus vacaciones. En la costa, hay toda clase de actividades divertidas. ¿Qué te gustaría hacer en la costa?

¿Harías un castillo de arena?

¿Te deslizarías sobre las olas en una tabla?

¿Correrías una gran distancia?

Más diversión

Hay muchas formas de divertirse en la costa. Puedes volar cometas o jugar en las olas. Algunas costas tienen hermosas playas de arena con agua azul transparente. El agua es perfecta para practicar buceo con esnórquel. ¿Qué se puede ver bajo el mar? Menciona cinco clases de animales marinos que conozcas.

Estos niños se divierten buceando con esnórquel en el agua transparente y poco profunda. ¿Alguna vez has buceado con esnórquel? ¿Qué viste?

¡Te veo!

Preguntas sobre las costas

Has aprendido muchas cosas sobre las costas.
¿Cuánto recuerdas? Las letras de las fotografías en
estas dos páginas indican partes de la costa. Relaciona
cada letra con una parte de la costa del dibujo de abajo.

O (un grupo de accidentes geográficos N)

Respuestas: A-arco; B-acantilado; C-cueva marina; D-playa; E-laguna; F-promontorio; G-bahía; H-cala; I-puerto; J-río; K-estuario; L-farallón; M-península; N-isla; O-archipiélago

promontorio

acantilado

arco

cueva marina

Palabras para saber

Nota: algunas palabras en negrita se definen cuando aparecen en el libro.

acantilado (el) Zona empinada de roca al borde de un océano

alta mar (la) Agua del océano que no tiene tierra cerca

arrecife de coral (el) Área del océano que está formada por corales vivos y muertos

bahía (la) Entrada curva del mar en la costa

bosque tropical (el) Bosque de una zona cálida donde llueve mucho todo el año

cueva (la) Agujero que se forma debajo de un acantilado

ecuador (el) Línea imaginaria alrededor del centro de la Tierra donde hace calor todo el año

ensenada (la) Masa angosta de agua que fluye hacia el interior de la tierra desde un océano o un lago

estrecho (el) Área angosta de agua que conecta dos áreas grandes de agua

farallón (el) Torre de roca que una vez fue parte de un acantilado y luego se desprendió

laguna (la) Agua poco profunda que está separada de alta mar por tierra o por

península (la) Parte de la costa que está casi totalmente rodeada por agua

playa (la) Área de costa arenosa que puede tener piedras pequeñas

puerto (el) Parte de la costa donde los barcos están al abrigo del viento y de las olas grandes

Índice

Impreso en China — CT